梅月堂詩藁

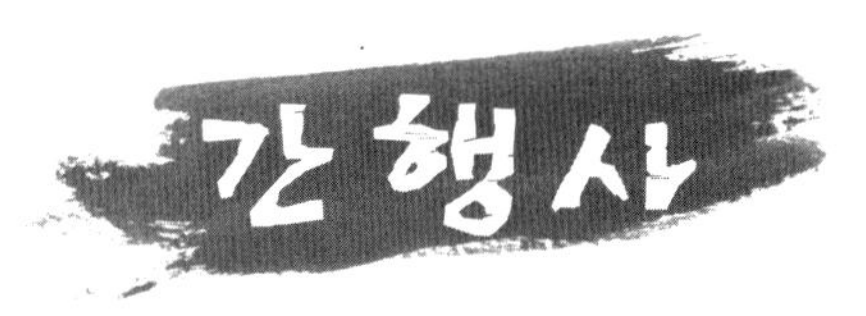

계명대학교(啓明大學校) 동산도서관(童山圖書館)에서는 옛 문헌을 수집 보존하고, 현재의 지식으로 재현 활용키 위하여 여러 가지 노력을 기울여 왔습니다. 수장(收藏)하고 있는 약 70,000책의 고서를 2004년 개교50주년을 기념하여 『고서종합목록(古書綜合目錄)』으로 정리 간행하였고, 1999년부터 문화재 지정을 지속적으로 신청하여 2006년 4건의 고서를 추가로 보물로 지정 받음으로써 현재 총 11종20책의 국가문화재(國家文化財) 보물(寶物)을 보유하게 되었습니다. 이처럼 동산도서관의 고서의 수장은 질적, 양적으로 대학도서관으로서 가장 우수한 수준이라고 할 수 있습니다.

계명대학교 한국학연구원(韓國學硏究院)은 1973년 한국학연구소로 출범하여 문학, 역사학, 철학, 민속학 등 제반 분야에서 한국학 연구를 심화하고 활성화시켜 왔습니다. 이후 우리나라의 국제적 위상이 높아지고, 그에 따라 한국학을 세계화할 필요성이 높아짐에 따라 1989년 한국학연구소를 대학 부속기관으로 승격시키고, 기구를 확대 개편하여 한국학연구원으로 재출범하였습니다.

고전적(古典籍) 같은 한국학 자료는 역사적 가치와 미래적 가치를 동시에 지닌 인류의 소중한 학문적, 문화적 자산입니다. 이러한 자료가 국내외에 널리 공유될 수 있도록 하기 위해서는 자료의 가치에 대한 다양한 소개와 보급이 필수적입니다. 그리하여 한국학연구원에서는 이러한 취지에서 2007년 교육과학기술부 국학기초자료사업에 '계명대학교 동산도서관 소장 선본고서 해제 및 자료공개화 사업'을 신청하였고, 바로 선정되어 현재 원활히 사업을 수행하고 있습니다. 계명대학교 및 동산도서관에서는 이 사업의 취지에 공감하여 전폭적인 협력과 지원을 하고 있습니다.

1999년 동산도서관에서는 '계명대학교 동산도서관 고문헌총서'를 기획하여 1집으로 『무예제보번역속집(武藝諸譜飜譯續集)』(1999), 2집으로 『두시언해(杜詩諺解)』(2000)를 영인, 보급하여 학계의 좋은 반응을 얻은 바 있습니다. 재정적 문제로 사업이 지속되지 못하였던 바, 금번 자료공개화 사업의 일환으로 이 우수한 사업을 다시 잇게 되었습니다. 본서는 이러한 내력을 가지고 간행되는 것입니다. 이번에 영인되는 책은 김시습(金時習, 1435~1493)의 『매월당시고(梅月堂詩藁)』(3집)와 「매월당시사유록(梅月堂詩四遊錄)」(4집), 이륙(李陸, 1438~1498)의 『청파집(青坡集)』(5집), 정희량(鄭希良, 1468~1502)의 『허암유고(虛庵遺藁)』(6집), 이중경(李重慶, 1599~ 1678)의 『잡훼원집(雜卉園集)』(7집)입니다. 이들은 간본(刊本)으로 현존 유일본 또는 희귀 초간본이거나, 필사본(筆寫本)으로 저자의 친필 초고본에 해당하는 귀중한 책들입니다. 그 구체적인 내용과 가치는 개별 해제를 참조해주시기 바랍니다.

한국학연구원과 동산도서관에서는 앞으로도 한국학연구에 도움이 되는 좋은 자료를 선정하여 연차적으로 영인본 또는 화상이미지로 보급하고자 합니다. 학계와 도서관계 여러분께서도 이러한 취지에 많이 성원해 주시고, 이들 자료를 바탕으로 활발한 연구가 이뤄지기를 기대합니다.

끝으로 이들 자료의 해제를 맡아주신 박철상, 장인진, 김연수 선생님을 비롯하여 사업의 기획, 자료 선정 및 편집 등에 수고해주신 관계자 여러분께 감사드립니다.

2008년 8월

계명대학교 동산도서관장 김 종 영

계명대학교 한국학연구원장 이 윤 갑

梅月堂詩藁

梅月堂詩藁卷之二

故城

牢落空城在摧頹問幾年已經麗歲月猶帶舊山川老樹寒鵰號枯藤野鹿眠興亡棋一局成敗不須憐

禮指空像有感

遠渡流沙域來從萬里天玉皇言下契耆主夙無緣禪話飜華夏奇形慣坌乾枯之琢曲隶古篆[illegible]

禪燈

一點孤燈問登床杜口時機鋒似林際道

奧契希夷始覺浮生幻多慚宿業癡禪心

與禪大相照幾人知

梵筴

八萬里程多小難五天何日到三韓字非

蒼篆終誰解紙異烏絲未易看寶匣似雲

蔥嶺霧曇雲章應濕耨池瀾不逢重譯無人

講只爇名香頂戴觀

月夜遊中庭

夜靜無塵累清空月正圓了無人我迹多
見性相寬法海波初定禪關夢已闌箇中
真意味誰與話團欒

閑意

煖日烘窓紙烏來釋硯氷煎茶邀好客說
偈逐禪僧出定看新雪經行擔小騰自從
遯世絹生事轉騰騰

坐禪

坐禪緣底事掃却世紛厖得意從誰問同行正少雙嗟余繫一隅恨不歷千邦定罷行松下寒溪洒石矼

松林寺 松都

蕭洒松林寺僧閑客到稀鳥啼春寂寂花落雨霏霏地僻人寰少垣頹竹木圍夕陽山色翠清影映朱扉

渡臨津

汀洲芳草正萋萋鳧泛春波自在啼柔櫓

一聲驚起去夕陽猶在海門西

登臨津岸亭

柳岸江亭小登臨淸興多波聲自涗濤人影正婆娑磯淺魚吹荇汀遙鴈弄沙夕陽何處笛吹斷碧雲窠

盆浦僧舍 漢京

寺在寒波上朱門映水濱一聲漁笛遠千里暮江春香火僧年老招提佛宇新江湖雖信美野鳥性難馴

漁村

一江烟雨暗漁村滿浦腥風接海門何處
釣舡猶未到半篙春水没潮痕

歸帆

江口凉生正晩霞蒲帆个个飽風輕故鄉
歸去梨花趂一簣春酤細有聲

宿抱川人家

飄然一錫向楓嶠縹緲雲山入眼遥遣興
且無沽美酒愛吟時復度良宵孤燈窓外

閭征鴈矮屋籬邊看野燒鄰犬狺狺吠花
下客心清悄政無聊

暮投永平縣

小邑迴遭圍四山短亭枯樹倚雲間暮烟
展畫峯千疊野水浸衫月半環人世極知
身老只林泉何處不安閑明朝更入桃源
路勝景由來地不慳

金華路傍樓上小憩

山重水疊路縈迴似入桃源洞裏來小雨

新晴搖麥浪野花初拆引蜂媒仲宣樓上
那無賦潘閬驢中正可咍從此遊觀好風
景看花登盡幾崔嵬

·長安寺

松檜陰中古道場我來剥啄叩禪房老僧
入定白雲鎖野鶴移棲清韻長曉日外時
金殿耀茶烟颺處蟄龍翔自從遊歷清閑
境榮辱到頭渾兩忘

表訓寺夜吟

玲瓏樓閣壓清溪巢鶴枝邊月影低半夜
蜀禽呼破夢聲聲只在老槐西

正陽寺

伽藍高且敞萬木連天長僧有支遠徒境
乃菩提場我來坐方丈峯巒儼而爽玉立
百層筍朝輝何晃朗烟嵐向澄霽詭怪難
可狀或如僧遶旋或如仙揖讓朝霞鮮且
潔暮靄翠且深炫燿莫可窮令入清塵襟
禪老峻機緣小欄倚終日話以本色談雜

以玄妙說日暮不能返清磬出禪室

看壁畫

古殿靜且嚴古壁丹青好蘇公菩薩閻吳子傳神草依俙聽說法彷彿唱三寶何幸遊名山得參真妙道爇香普歸依願早脫塵惱

舍利羅

青蒼舍利羅光明映寶鉢揷香無數禮祥光充薈蔚稱讚且說偈一心頂戴捧願佛

諒我恍真如疾接踵

真歌臺

真歌可真歌塵蹤淨如掃千峯俯可掇百川流浩浩山鳥語青嵐令人心境灝長松蘚紋剥下有皤皤老相對談無生雅妙多天藻揺談塵是松數座氈是草蕩我平生懷造我十年道和南各分去小徑寒烟禖

百川洞

百川奔一洞駃逕松杉下初疑銀河分復

見明珠洒列壑何杳冥峯巒走萬馬桂樹
復連眷幽巖何谽閙多有神仙迹了無塵
凡蹤日晩憺忘歸炯暝山巃嵷

萬瀑洞

萬瀑飛空漱玉花兩岸薜蘿相騰拏明珠
萬斛天不慳散此雲錦屛風間快笑仰看
雙石硔一洗十年紅塵蹤

圓通庵

禪境何瀟洒居僧只二三炯光吹不散灝

氣冷相涵地僻乾坤小心清夢寐甘掛笻
留一宿松月助禪談

眞佛菴

以石名眞佛庵中住老禪路回千嶂下人
傍五雲邊水石心無累烟霞景自妍行童
賁山茗貯月汲寒泉

寶德崛

銅瓦生衣銅柱高簷鈴風啄響嘈嘈寶山
巖崛幾尺聳銀海波濤終夜號鐵鎖掛空

搖嘎嘎雲梯緣壁動騷騷焚香一禮心無
襍疑是仙宫駕六鼇
倚闌遥望意懆懆瞻禮真容竪毿毛境與
靈臺多不俗山同寶崛又重高虹垂萬瀑
雷聲壯鶴去三天翅影豪白石青松相映
處依稀洞府有仙曹

悅巖

緬想當年洗寶巾圓融麗質正離塵戲斟
天上銀河水接引雲間白業人陝府曾留

金鎖骨楓城今現紫磨身爍迦大願應無
盡千古芳蹤淨不堙

摩訶衍

大衍金文萬五千至今留影洞中天婆娑
松檜似擎蓋蕭崒峯巒如列仙百劫億生
曾有願一身一到此山前我聞妙法深心
禮巖樹林溪次第宣

望高臺

歡甚忘疲上峭峯高低列岳聳曾穹奇形

禹鼎初移後怪狀溫犀一燭中師子何年將奮迅俊鷹當日欲浮空攀蘿若不凌雲頂那識楓嶠氣勢雄

萬景臺

攀危更上最高臺無限奇峯眼底開萬瀑洞中珠歷落百川崖底玉摧頹火龍似向層空舞玄鶴應從寶崛回人世難逢如此境傍人且莫苦相催

圓寂庵

山中最深處妙境可圖看松絡垂千尺山
雲在半間地偏無俗客澗冽有飛湍坐久
心如氷炬霞襯碧巒

國望峯

峯高草木被風謾連巻施蔓糺似盤未見
初聞稱國望纔登遥覽竦人觀茫茫渤海
盈於掬渺渺山河大似彈始信尼丘天下
小西江盡吸亦非難

開心瀑

一道銀河落九天和雲漱月檜松邊夜深
最愛山中靜晴雨洒空人未眠

萬回庵

精舍傍烟蘿重構歲月深小亭松盖偃短
砌蘚花侵竹太埋幽徑風泉繞遠林我來
留半日淸境稱吾心

松蘿菴

松蘿烟壑老精舍政荒凉杜宇啼庭樹淸
香鎖寶房緬思懷正事因憶解明方昂古

如雲鳥禪窓夜更長

無盡燈

一燈化百千千燈即一燈重重互相映如帝珠相仍可比佛法海彼彼相交承我然一明燭誓願燈含弘願照無盡界普供無盡乘

施物碑

樹碑立功德古人今底歸陰廊蝸作篆古碣蘚成衣徃事模空去流年捉影飛居然

成一夢陳迹跂依依

香茅

茅草細鬖鬖香深帶露芽春前猶帶穗暖後細飄花藉用看義易蓬蓴見楚些我將爲炷獻傳信覺皇家

巢鶴

蒼崖栖鶴䖏松老一枝欹蕙帳空時怨芝田秀處嬉千年華表態萬里碧空思月露聲尨警冲天骨格奇

聞鶴

萬里無雲山月明一聲嘹喨動人情沙明

水碧三清洞幾度乘風上玉京

咏四禽言

山中有四禽警於朝暮足以感人

因以警世

爲誰趨利

爲誰趨名利奔馳紫陌中風塵惹人面榮

辱怨天公滿目悲生事臨歧泣路窮不如

唾謝去高臥桂花叢

亦莫把空

亦莫把空坐緇衣誤一身人間識道理世
上叛君親胸礙三生事頭蒙百尺塵不如
爲俗子例作一窮民

不如歸

不如歸去好何處可安歸宦路風濤惡侯
門知識稀爲人長戚戚吊影正依依莫若
甘吾分林泉不履機

悲悲

悲悲嘗世事欲說更潸然百歲爲他使長年被累牵不知安是分底處樂吾天試語伊誰来啣悲繞樹顚

聞青鼠聲

月白静無譁但聞青鼠聲緣枝何喞喞趯樹轉營營聽爾驚残夢憐渠歎一聲空山同飮啄與汝得無情

復登斷髮嶺

嶺頭回首望白玉幾千層慶遇無塵界歡
心不自勝溪光明瀯瀯山氣矗稜稜我欲
絲方了重來又一登

渡菩提津

江水今無恙清光雨後多秋風漾微綠晩
氣藹寒波舟似晴空點山如碧海螺興來
閑俛仰聊復一長歌

寶蓋山

寶蓋山容碧東州秋色多年光忽似箭入

事薄於羅古壑炯嵐靜長途歲月賒飄飄
緣底事到處即爲家

石臺菴

攀蘿捫壁上雲梯菴古庭松一鶴棲林下
磬聲風外切西峯殘照落寒溪

深源寺

古木千章下岑崟有梵宮鳥啼庭樹靜齋
罷客廊空高岫夕陽薄小溪楓葉紅行行
皆勝地何必哭途窮

渡大灘

渡口波清淺臨流可數魚江山初霽後風月九秋餘葦崖漁舟穩山城古木踈前程何處是桒拓暗村墟

大田途中

日暮人稀飢鶻鳴途中秋思正崢嶸何當一上逍遙頂快得逍遙不世情

行宮址

炯埋野草草埋墟曾是 先王駐彩轝龍

去鼎湖雲已變紫藤枯樹漫相拏

逍遙寺

路入寒溪洞千峯落照明四山皆崒律一
澗正清泠殿有金銀像僧多雲水情
上王曾駐輦徑廢少人行

門前飛瀑

一道寒泉落遠峯對門常噴玉玲瓏
龍駕不回雲寂寞水聲牽恨和踈鍾

紺岳晴雲

紺岳之山高插天縹緲洞壑浮雲烟千章喬木蔭神廟一道飛瀑垂龍渊但聽踈鍾揺翠壁不見老鶴巢層巔空濛似畫聚復散等閑作雨陽臺前

・道峯尖岫

峯勢嵯牙如劒鋩瘦藤老栢凌風霜幡幢杳藹列梵刹雷電閃爍摩青蒼湛湛霜楓惱客眼霏霏巖溜漱入腸望中不盡眉宇寒木落天高田鴈行

、三角祥烟

三峯高聳祐吾邦祥烟覆頂垂如幢列剎

相望映金碧滴翠濃抹浮軒窓惟嶽降神

生甫申彼蒼垂象臨鴻厖護我龍圖千萬

世欝葱佳氣衝天杠

、水落殘照

一點二點落霞外三个四个孤霧歸峯高

剩見半山影水落欲露青苔磯去鴈低回

不能度寒鴉欲棲還驚飛天涯極目意何

限斂紅倒景搖晴暉

檜巖寺

古松藤蔓暗相連一徑深深入洞天佛殿尚留三世火法門今絶五宗禪崢嶸樓閣雲爲鎖牢落庭除草作氈勝境宛如那爛寺恨無人道祖燈傳

題東別室

扶踈庭樹有鳴禽蒼翠烟嵐禪境深淅瀝泉聲漱井口參差松影落階心香生銅鑵

消清晝風擺金鈴響晩陰自是禪家多雅趣十年曾是助閑吟

指空衣鉢

流沙萬里入雷淵葱嶺千峯冷倚天鉢儀已沾安石霧緇衣曾惹蜀賔烟辛勤萬里慈悲大撈摝群生性相圓膜拜莫將容易看西乾百八舊青氊

懶翁衣鉢

燕代雲遊禮指空浙西提印又來東爲人

吐氣禪林將對御談玄法海雄天寶霧埋
松憐淡驪江水澗月矇矓空餘衣鉢今猶
在千古巍巍鎮梵宮

看圓覺經

淨几明窓兩函經一條香線一銅甁空中
不覺天花墜庭下似曾山鬼聽二十五輪
觀已定百千萬刼夢初醒那如拋去筌蹄
法句外承當直下惺

謝海師講經以水晶數珠爲答

老師琢我明珠顆我報玲瓏淡水晶个个
自有清淨態試投泥滓亦分明

枉心驛

空館近東郊春風拂柳梢烟迷桑柘暗路
遠水雲交草色村橋晚雞聲野店茅五峯
今日去松寺鶴同巢

渡迷峽

渡迷之水青於苔關東道路何遼哉橫擔
柳標不顧人清江影裏空徘徊江水江花

眼底迷兩兩白鷗同浮枉我曾自是滚宕人爲家萬里心恢恢杖藜扶我峽中走放歌大笑空翹首不顧簪笏絆身前不顧芳聲耀身後直將消底破芒鞵長願掛名匡廬皇春雲如絮春風起飄飄兩袂渡江水時見一雙白鳥飛相鳴遲我清江沚

·渡龍津

澄江淼淼碧潭沱中有白鷗閑似我出沒清波無个心慣聽渡口中流柁咬咬嘎嘎

兩兩鳴恍然逐我凌風舸篙工赤幘擘柳風耳掩毛冠纓下䩞浩然中流發棹歌江上春花何婀娜自從遺世西復東胸中氣槩多磊砢畢竟底物爲保伍江外碧峯千萬朶

月溪峽

東風峽路惡小雨落梨花江上山如戟巖邊樹似牙人家依渌水馬跡印晴沙棧道何時盡蒼峯日欲斜

龍門山

龍門山色碧稜稜寺在寒烟第幾層老鶴獨棲松嶺月淸泉閑澆虎溪藤鍾聲老杖曾深省波影神魚已上騰我欲駕風凌絶頂白雲堆裏贄靑縢

上院寺

古殿香烟合三門獸鑰開庭空喧鳥雀巖老襯莓苔琪樹日應長蟠桃春自開淡然無外累雅境似天台

竹長庵

高低石徑斜岑寂有僧家晩日照高樹東
風吹野花溪流明似練藤蔓曲如蛇參禮
名山遍逍遥即我家

龍門寺

杜老招提境桃花浪躍時寶房香霧鎖山
室磬聲遲石逕苔踪滑巖泉蘿蔓垂我
王潜邸日翠蓋屆于玆

神勒寺

梵宮松檜暗藤蘿門外滄洲聽棹歌巢鶴枝邊山月白蟄龍巖畔渚雲多蒲牢遠渡青楓岸金刹遙看白鳥波薄暮倚欄回首望曉風搖落綠蘋花

驪江贈漁父

驪江之水清且漣澄淨無波涵碧天遙遙遠浦暮靄橫漁歌聲入寒江烟寒江烟淡遠山紫日暮漣漣碧鱗起蒻笠蓑衣把釣竿貌古言吃儋兩耳朝代興亡兩不知一

竿明月蒼波裏小渚茫茫蒲荇長楊柳磯中釣鰽鯉機心已息侶魚蝦瀲瀲灧灧江之水江水滔滔入海門俯仰堪輿如一指烟波釣徒可與言世上功名徒爾爾

丶宿桐花寺 原州

桐花之山高挿天桐花古寺浮雲烟山中老僧自有趣臥看白雲生翠巔怡怡春日煖可人山杏吐萼梅始仁澗底芥芽嫩如絲采采行廚蔬盤新遨遊萬里秋復春野

鳥啼處山花顯東望青峯倚碧天嵐光滴
翠空嶙峋世間萬事屬春夢我向五臺尋
隱淪仰天大笑浩然去我輩豈是虫臂人

、原州途中

春風一錫向關東路入原州烟樹中公館
入稀車馬少長亭雨過海棠紅十年道路
雙鞋盡萬里乾坤一囊空詩思客情俱攪
我況聞山鳥語花叢

、雉岳山

雉岳崝嶸聳碧空烟霞明滅有無中一泓
春水莓苔滑千丈蒼崖躑躅紅路轉層峯
殘雪在巖迴石棧晩雲濃青山處處行應
好脚力有窮山不窮

宿覺林寺

自笑清寒謝塵迹年來自有看山癖關西
千里曾飛錫又向關東曳雙屐覺林自是
古招提松檜陰中聳樓閣玉筍巍峩插高
鍾 珠簾淅瀝搖雲窓丈夫未死愛遠遊豈

肯兀坐如枯椿且窮勝景作平生其氣崒律何由降

芳林驛

古驛深山裏蕭條有草亭薺花生麥壠莎草擁苔庭嫩綠澄波淨堆青列岫暝爲尋雲水崛佳景妙難形

大和驛

客路多迢遞蒼峯愁殺人斷橋官柳暗古道野花顚瓶錫千山裏江湖一隻身白雲

閑適態曾是舊雷陳

琢阜驛

去去春山裏春山花正濃一瓶一鉢瘦

影荷瘦笻人家烟渺渺驛路草茸茸何處

堪眞隱碧峯千萬重

省原

燒痕芳草綠初均無數名山眼底新古木

蒼藤尋羽客落花流水問秦人溪邊黒壤

生江木澗底青泥迸紫蕁未到山中先滿

意五峯烟抹聳嶙峋

・月精寺

古殿香銷春晝長重重花影在東廊上方
松偃僧來寺禪室客稀雲度墻珠網玲瓏
裝寶樹天花漂渺落猊床仙山逈與人寰
隔願學青囊殘玉方

金光淵

百丈砯崖水又洄桃花怒浪激如雷满山
躑躅紅於燒正是禹門魚曝腮

上院寺

亂山疊疊水洄洄中有祇園紺宇開天淨瑞雲騰烜爀地靈嘉草孕胚胎香煤斑剝薰金殿泉液淋漓釀紫苔最愛橋樓明月夜數層峯裏杜鵑哀

、中臺

虛閣玲瓏鎻紫烟庭花爛熳草芊綿優曇瑞蕚敷三界無頂祥光射九天風過焦桐聞梵語雲低金竟降真仙磬聲遙與松聲合

宣說如來不二禪

西臺

廣長舌相本非身金色如來假也真山色蘇仙曾有偈松柯韋偃已傳神竿蕭淨水消如玉瑞應香花大似輪鬚鬚衆峯雲影裏天妹衣裓供清晨

南臺

麒麟峯色碧摩天菩薩巍巍頂相圓歷歷金鈷搖月下飄飄毿毿毿颺雲邊花數蓮界

香成兩雲布金沙福有田今夕喜參弘願
海一龕燈下坐觀禪

東臺

雙竹叢邊大士身元來不住寶陁山非心
長澈微塵累願力幾回生死關兩臉丹粧
霞半點雙眉曲似月初彎圓通門户何曾
閉只在輸誠一念間

北臺

象王山色倚天端繚曲幽深氣鬱盤麟部

獨樓雲片片羊車單駕月團團石床平處苔花點叢溜飛時瓊屑寒入世幾回風浪惡不如來占一層巒

大嶺 此嶺以東稱嶺東以西稱嶺西

大嶺雲初捲危巔雪未消羊腸山路險鳥道驛程遥老樹圍神廟晴烟接海嶠登高堪作賦風景使人撩

丘山驛 [illegible]

驛亭依小巘花木更清幽麥壠將雛雉桑

巔逐婦鳩年光隨處好歲月皆奔流耐可
從仙侶看窮海上洲

、弘濟院樓登眺 江陵

十里鶯花古院深倚樓終日費清吟烟生
遠浦回漁艇風定晴波浴水禽草色蒙茸
侵巷陌柳條腰裊壓庭陰幾家茅舍渾如
畫都在青烟翠竹林

江陵

鷄犬連鮫市桑麻接海門腥風吹晩浦漁

艇返花村

啖竹筍

生長京都又比遊初看新笋逬猫頭披烔曉折連根脆帶露宵抽抱籜柔却喜今朝參玉版還愁明日化青蚪不妨嶺表長爲客飽飫琅玕一味羞

文殊堂

寺在東溟碧浪涯野棠花裏鳥喈喈白沙翠竹客相送青海黃茅風正颸古佛有靈

能善幻居僧無事坐清齋禪官亦似入衆
變古砌草荒雲半埋

・白沙汀

依依烟樹似雲屯沙軟風輕十里原鳥影
正同雲影杳松濤長伴海濤喧烟開鯨口
波聲壯日射鼇頭曉色暾汀畔白鷗閑似
我忘機相對弄春暄

・寒松亭

海風吹斷浪滔天松作雲和意外絃敗砌

草埋狐兔過野崇花落鷓鴣眠神仙舊迹
桒田變塵世浮生甲子遷獨上高亭回首
望蓬萊島在五雲邊

・鏡浦臺

萬里搏桒望眼賒蒼波淼淼藹朝霞秦皇
謾愛三山藥漢使空浮八月槎白浪滔天
鰲背抃紅雲揷地蜃樓斜從今陟覺仙遊
壯杯視東溟碧海涯

・青鳥

青鳥來鳴遶竹叢一封書到白銀宮丹成羽客朝天帝芝秀飛瓊駕綵虹寰外十洲眞已見入間萬變屬虛空歸時頻語西王母幾刼楊塵碧海中

·鯨戲

暾暾日出扶桑涘紫氣散空成綿綺雲妝霧卷景澄霽碧波淼淼千萬里長鯨駕浪舞滄海一吸已盡東溟水俄然振鬣駭浪頹白虹貫空聲如雷夷猶恍惚渺莫狀紫

鳳翥翮相轟隱白也騎背甫問訊搜奇摘
怪遊蓬萊我欲虹竿明月鈎千犗作餌鐵
其魁博施四海充朝饔快我一生豪縱腸
鳴雩志大已蘧落孤嘯獨立巑岏峯

日出

君不見桃都之山金雞鳴煌煌暘谷飛耀
靈大如車蓋浴滄波滄滄涼涼麗東溟東
溟之底蟄龍吟汨汨潏潏天晦冥羲和御
鑾般不昇欲上未上清氛騰踆烏犮矯奮

兩翅半空颿彩何崚曾扶桒條遠紫霞縈左界閃爍推紅輪人間光景駒隙耳韶華未盡雙眉皺欲繫長繩縶其轂萬八千歲爲一春願令四海羣億兆壽等大椿無殤天歌竟流霞充我膓華生五臟滄溟小

・尾閭

大地茫茫衣如何地下八柱相交加空洞無底又無垠大塊斡運無有涯天壤之間水居多百川袞袞無停波我昔天遊大方

家裡海外有大瀛海瀛海洋洋渺無瀆但
見日夜流洸洸浴日滔星涵大陰包括奧
區其器大不盈不竭泄尾閭奔流頫洞聲
礚礚四萬里間浹焦壑赤縣神州浮一葉
固知觀海難爲水井蛙聞之已驚懾安得
置之輪囷膽消盡人間愁萬斛

・鮫室

世人徒見五岳雄巍峩巀嶪方輿中不知
海底有高峯嶚嵲嵌巖沉空濛洞壑穾窱

石竇深中有壯麗鮫人宮螺貝蠙珠相陸
離眩目不辨青與紅珊瑚交柯蔭階庭琅
玕碧實垂簷欞洞房幽邃戶半扃但見機
杼聲玲玎織成氷綃萬丈長裁爲玉皇白
霓裳霓裳裁了剪刀寒水晶簾外飛寒霜
閑拈一幅賣人間爲掃人間煩熱忙臨別
彷徨泣珠去碧海無際天茫茫

、蜃樓

君不見蓬山之側屹蠔山相粘百千光爛

編中有車鰲大如盤懷珠深隱巉巖間吐
氣蕁惹成樓臺凌晨崒嵂紅雲端倏忽變
化渺難狀青紅相雜形闌珊或如阿房複
道橫亙殿閣施珠欄又如玉京十二樓
天妃舞袖低盤桓五鳳齊雲邈次遠望春
結綺埋荒草是何神物御機揵架出千層
聳清昊不是鼇背蓬萊宮便是青霄水晶
闕須臾散盡不見蹤但看海上新浴日

天琛

君不見今夫海一勺水多何啻哉及其大
也渺瀰埃日夕巨浪聲如雷深深之底氣
滋涵百千珍寶含胚胎鮫人一泣萬珠滴
老蚌千歲孕明月蠙螺璨璨珊瑚秀光芒
相射流勃鬱驪龍貪鄙不遭睡淵客慷慨
猶飲泣波斯莫揉離妻失至寶豈可容易
得已聞徑寸照連乘復道一雙酬連城我
亦當年懷瑾徒却恐暗投人或驚不能披
腹呈琅玕且藏待價終吾生

水怪

茫茫瀛海無有涯紛紛水怪相騰拏皷喙
磨牙怪奇奇萬狀千形何谽谺暉暉朝日
上扶桑蜃吐樓臺鯢作槎水族揚波奮鱗
翅譎詭不待溫犀掉尾遊者赤鯶子蹣
跚走者鼈長史六鼇戴山舞且抃大鵬水
擊三千里陽侯皷浪火龍游白澤文鰩齊
矯頭百川倒流尾閭塞鼉鼊屓屭鯨呑舟
壯哉浮天浩渺中有此得意夷猶儔雲海

空濛不可狀但見異氣浮滄洲

歎桒田

此日忽已過明日又復來遷延隔幾刼荏
苒年光催天地終有數滄海揚塵埃終然
作桒田變化無暫停所以有道者怡暢忘
其形浮游六合外保此龜椿岭欲學却老
方一聽黃庭經

嘲精衛

嘗聞發鳩山有鳥名精衛常含西嶺木塡

海救炎帝苦心竭東溟發憤經幾歲豈不量其力志大終不替雖然知爾癡百川其可防衆流常混混日夜奔蒼茫逞爾方寸心徒使腐爾腸

聽天雞

東海何所有蟠桃三千里枝葉相扶踈邈與扶桒峙天鷄栖其嶺喔喔鳴杲日一唱衆鷄應六合皆昭晣孜孜善惡間人事紛如髮我聽爾之聲起舞喜跳跡功名一臨

雞萬物皆一指聞汝且自省飭身修福履

憐蟠桃

蓁蓁碧桃樹夭夭千歲花不待笑春風燦燦蒸朝霞結子綴繁枝爛熟三千年漢兒謾三偷詠語人相傳塵世若紛紛日月又不過常懷千歲憂汲汲長熬煎顧登度索山得棧栽堂前

嘲徐市

人生但百歲壽夭且在天焉能人世間盡

得彭鏗年三山誰所見仙餌誰所傳奈何
一匹夫欺詐萬乘主一舸入東海漂渺無
入覩三千童男女吺吺啼且隨遂使千載
下緬懷良可悲

哀秦皇

秦皇滅六國珍寶羅如幟驕心常易盈不
能遜其志東巡頌功德立石藏神秘自謂
致大平不勞持神器且以百年壽錯認延
萬歲炫惑銷化術求藥三神島阻風赭湘

山爲計何潦倒至今驪山下石馬埋春草

望三山

朝登海上峯遠望三神山雲海渺空濛素濤浮漫漫煌煌白銀宮爍爍黃金闕飄飄仙侶遊藹藹烔霞燽瓊樹瑶花開碧桃甜如蜜世人那得知相傳孟浪說安得奮八翼一覽窮遼濶

遊仙歌

駕鶴逍遙海上山蓬萊宮闕五雲間人寰

正在風波底歲勞勞不自閑
朝遊聚窟暮玄洲袖裏青蛇紫氣浮試問
東瀛知幾變三山水淺露蓬丘
月窟孀娥不自由挂花閑憐度春秋水晶
宮裏霓裳奏憐是雲收十二樓
一雙青鳥下雲端來報瑤臺宴未闌天上
碧桃知幾熟洞雲閑鎖禮星壇
醉呼仙女董雙成王母何時下玉京紫芝
初秀蟠桃熟風引空中打麥聲

曾隨玉女渡天河記得鈞天第一歌來播入間應未識閑吹長笛入烟蘿

清夜遊五臺

山中夜將半寒露襲衣裳宿鳥驚殘夢流螢過短墻烟收萬壑靜月白五峯涼何處堪眞隱松杉十里香

懶翁裝包二首

勸師入燕代跋涉千萬里飛錫渡江南長年作行李爲法不憚遠桃包江湖裏叅箇

本色人痛念生老死晝夜十二時念念無
間斷所以製香盤點檢寂與散水邊或林
下以此長爲伴遥遥清夜長寂寂啼禽猿
覩此慕古人蕩我心塵昏　右香盤
古木小禪牀僅可容倦膝伊昔江月翁腰
懸向江淅叅見平山老升堂入其室竭來
海東濱高卧山中雲掛之菴壁間用策同
遊勲自從蕙帳空拋擲誰人顧繩斷囓於
鼠脚敗侵於蠹我本癖好古撫摩徒仰慕

音響邀以遠追戀逾崇樹　右繩沝

咏狐

落日千巖畔風嘷似許究荒邪為美女古
寺穴頹垣善聽嫌氷陷宣威假虎尊莫言
妖媚物燕墓聽高論

初構小堂

小堂初卜葺庭樹聽鳴禽己賽三生願曾
叅一箇心洞雲橫疊巘山雨霽空林嘯傲
無餘事南窓日欲陰

摘蔬

菜莖立如束菜心肥如玉薄言登北嶺采采筐筥足小鬻火初沸爛煑香豉泣飽餕大官羨邦及溪邊蕨誰知白雲中自有清虛福

山中有淳老年高知法對話數日

一話松窓千古心箇中無有去來今謾將庭栢爲禪旨誰道溪聲演佛音撞倒語言方解會消磨習氣始參尋西來直指離文

字悟了何曾論淺深

山中有如老任山已久尋訪相話

如老住山今幾年霜眉皓首坐枯禪任教
松子榻前落閑看鹿麛床下眠三十年前
條箇事百千刼外透那邊遠公自愛東林
月輕挈銅瓶汲小泉

山中有田禪老言旌善亦有碧波山

最好可以捿隱

人言旌善是朱陳民樂耕耘壽域春況有

碧波山岑亂可堪棲隱養天真

渡白楊津 平昌

白楊津晩渡波淺石粼粼牧笛烟村暮漁
歌秋水濱蒹葭含白露黍稷弄黃雲寂歷
山城裏砧聲處處聞

宿平昌館

歳暮獨遠遊平昌孤館秋梧桐搖檻外蟋
蟀語床頭已歷江湖遍頻驚歳月遒客懷
誰與話窓畔雨湫湫

渡馬蹄津

野渡無人風滿洲白蘋紅蓼映漁舟江楓湛處波光冷蘺菊開時野興幽牧笛剩生關北恨征鴻呌向嶺南秋蒼崖兩岸渾如畫十幅蒲帆入石頭

高山寺

野寺僧偏少山深路亦窮酸梨經雨落甜果帶霜紅石逕微於線雲裝轉似蓬身爲萬里客心逐一征鴻嶺北飛稠錫湖南駕

列風耽遊廣漠野自喜臃腫躬何處堪投
隱烟霞萬木中

客中望中秋月

中秋何以慰淸愁一味新茶滿玉甌丹桂
幾經寒暑變氷輪應輾古今秋夜談牛渚
追前事乘興南樓憶舊遊來歲不知何處
看十分流彩遍南洲

遊山家

山家秋索索梨栗落庭除秫熟堪爲酒菘

肥可作葅飢鷹號兔樹巖犢嚙荒墟日晩

喧雞天前村過里胥

泛舟

水國秋風起山城歲暮時銜炯初解纜載月又吟詩野水二三尺江楓千萬枝偶然乘興返雲外暮鍾遲

鷹巖崛

古窟炯霞繞清江魚鼈浮鶻巢蒼蘚壁鳧浴白蘋洲地僻人蹤窄巖高樹木摎可堪

棲此地伴鹿狎羣鷗

循岸徐步

荻花楓葉亂颼颼行遍江天九月秋漠漠
釣磯眠水獺蕭蕭枯葦叫沙鷗漁歌一曲
渾無腔牧笛三聲暗帶愁此夕闌東須盡
看明朝雲水是南洲

遊寧越郡

寧越山川險雲烟隔嶺南峻峯連太白遠
岫染深藍崖蜜輸民稅山桒飼野蠶居人

無巧詐淳朴且癡憨

登酒泉縣樓

高樓遠望獨徘徊江鳥雙雙去又回小渚草深迷釣艇長空風緊落庭槐吏呼遞馬聲初急客向遥程語正催未到此鄉名已好誰家酩酊似淋灰

逢人話别

江上逢人爲小留秋風黃葉墜扁舟可堪客中重離客長笛聲聲正替愁

問程前村

山村棃栗熟稚子喜收園鳥雀爭枝鬧牛羊下壠喧晩禾連卷陌秋社饒雞豚主亦儒冠者逢人語正温

途中

關東山已盡南國月初圓眼底峯無數腰間錢又纒長年席不暖竟日肺生烟遊歷何時遍園茅息萬緣

宕遊關東録志後

我國地雖偏狹山水清麗達人君子之所景慕者也夫子欲居九夷至有俗語中國人云願生高麗國親見金剛山以其泉石蕭爽可滌鄙悋之胸故也余自關西又入關東遊金剛五臺以尋形勝山形奇詭溪色玲瓏以至開心之飛瀑楓嶺之白石鳴渊之渟泓皆可洗人心目而洞深樹密俗子罕到則五臺爲最又江陵東域鏡

浦之臺寔松之汀乃仙者之所曾遊

嬉處也適是日雲收風止天淸海淨

鏡空無際極扶桑之隅壯心目之觀

以吾身擬之正蘇子所謂寄蜉蝣於

天地渺滄海之一粟者也所恨爲同

伴所牽不能遡遊國島三日浦叢石

亭後日重遊必先見此以愜余今日

之懷死亦足矣所謂浮雲蹤跡倏忽

西東故致然耳庚辰秋九月淸寒志

矮屋青氈暖有餘滿窓梅影月明初挑燈
永夜焚香坐閑著人間不見書
玉堂揮翰已無心端坐松窓夜正深香鑵銅瓶
烏几淨風流奇語細搜尋
梅月堂詩藁卷之二
浿江之水碧於藍千古興亡恨不堪金井水
枯垂碧荔石壇苔蝕擁檉楠異鄕風月詩千首
故國情懷酒酣月白倚軒眠不得夜深香桂
落毿毿

계명대학교 동산도서관 소장
『매월당시고(梅月堂詩藁)』에 대하여

박 철 상 (고문헌연구가)

1. 편찬 및 간행 경위

김시습의 시문은 일찍이 『매월당집(梅月堂集)』이라는 이름으로 두 차례에 걸쳐 간행된 사실이 확인된 바 있다. 처음에는 을해자(乙亥字)로 간행되었는데 온전한 책은 전하지 않고, 배접지로 사용된 지편(紙片)이 발견됨으로써 확인되었다. 가장 잘 알려진 판본은 두 번째로 간행된 경진자(庚辰字)본이다. 또 관서(關西)·관동(關東)의 유록(遊錄)을 모은 『유관서관동록』이 윤춘년에 의해 목활자로 간행되기도 하였다. 모두 임란 이전의 일들이다. 『매월당시고(梅月堂詩藁)』의 간행 경위를 추정해 보기 위해서는 먼저 이들의 편찬 과정을 살펴볼 필요가 있다.

김시습 문집의 간행은 중종(中宗) 때까지 거슬러 올라간다. 『중종실록(中宗實錄)』의 기록에 따르면 김시습이 죽은 지 20년이 되지 않은 상황에서 중종의 명으로 문집 간행이 준비되고 있었다. 하지만 김시습 문집의 간행이 순탄하지만은 않았다. 가장 큰 이유는 그가 남긴 혈족이 없어 남아있는 유고를 찾기가 쉽지 않은 일이었기 때문일 것이다. 이후 김시습 문집의 간행에 관한 기록은 보이지 않고, 중종의 명이 내린 지 10년이 흐른 후에 이자(李耔, 1480~1533)가 쓴 글이 경진자본 『매월당집』에 실려 있다. 이 글에 따르면 중종의 명이 내린지 10년이 지나서야 이자(李耔)가 3권의 유고를 수습하고 서문을 붙여 두었다. 이 유고는 이후 노수신-노대하-기자헌의 손을 거쳐 후대까지 전해졌지만 지금은 그 행방을 알 수 없다. 그 과정에서 윤춘년이 1551년경에 유고의 일부를 『유관서관동록』으로 간행하였고, 후에는 기자헌이 『매월당시사유록』을 편집할 때 일부가 편입되었다. 기자헌은 1609~1622년 사이에 경진자본 『매월당집』에서 네 곳의 「유록」을 뽑아내고, 이자가 수습했던 김시습 자서본을 근거로 함께 초록하여 『매월당시사유록』을 편찬하였다. 그리고 『매월당시사유록』은 다시 누군가가 일부만 초록하여 1624~1627년경에 경주에서 목판으로 간행하였다. 한편 윤춘년은 이자(李耔)와 박상(朴祥)이 수습한 유고에 자신이 추가로 수습한 자료를 더하여 『매월당집』을 간행한 것으로 보인다. 을해자본 『매월당집』 잔편이 바로 윤춘년이 1551년 이전에 간행했을 것으로 추정되는 『매월당집』의 일부로 보인다. 을해자본 『매월당집』 잔편의 출현으로 지금 전하고 있는 경진자본 『매월당집』의 저본이 윤춘년이 간행했을 것으로 보이는 『매월당집』임을 추정할 수 있게 되었고, 『매월당집』의 최고본(最古本)으로 알려져 있던 경진자본은 중간본임이 분명해졌다.

계명대학교 소장본 『매월당시고(梅月堂詩藁)』는 1책(권2)의 낙질본이다. 편찬이나 간행의 경위를 알 수 있는 서문이나 발문은 보이지 않는다. 전체가 몇 권으로 구성되어 있는지도 알 수 없다. 편찬시기도 알 수 없다. 다만 판심제가 '梅月堂集卷二'로 되어 있어, 이 책이 김시습의 또 다른 문집일 가능성이 크다고 할 수 있다. 판심제(版心題)와는 달리 권수제는 '梅月堂詩藁'로 되어 있기 때문이다. 이는 『매월당시고(梅月堂詩藁)』가 '시고(詩藁)'와 '문고(文藁)'로 이루어진 『매월당집(梅月堂集)』의 일부일 가능성이 있다는 것을 의미한다. 경진자본 『매월당집』의 경우에도 권1부터 권15까지는 권수제와 판심제가 모두 '梅月堂詩集'으로 되어 있고, 권16부터 권23까지는 권수제와 판심제 모두 '梅月堂文集'으로 되어 있다. '매월당집(梅月堂集)'이라 표기된 곳은 서문(序文)과 목록(目錄) 뿐이다. 을해자본의 경우도 현전하는 지편의 판심제에 '梅月堂集 文'으로 표기되어 있다. 따라서 문편과 시편을 구분하여 간행했음을 알 수 있다. 따라서 『매월당시고(梅月堂詩藁)』는 또 다른 『매월당집(梅月堂集)』일 가능성이 아주 크다고 할 수 있다. 『매월당집(梅月堂集)』의 간행에 가장 큰 공을 세운 윤춘년은 을해자와 목활자를 사용하여 서적을 출판했는데, 계명대본 『매월당시고(梅月堂詩藁)』의 경우에도 그 가능성을 배제할 수 없다. 이 책은 달리 소장처를 확인할 길이 없다. 현전하는 유일본으로 추정된다. 다만 이겸로의 『산기문고목록(山氣文庫目錄)』에는 임란 이후에 간행된 목활자본 『매월당시고(梅月堂詩藁)』(권4 1책, 판심은 '매월당집')가 저록되어 있는데, 실물을 확인할 수는 없지만 계명대에 소장된 책과 동일한 판본일 가능성이 있다.

2. 구성과 서지적 특징

『매월당시고(梅月堂詩藁)』는 『매월당집(梅月堂集)』의 일부일 가능성이 큰데, 현재 권2만 남아 있다. 간략한 서지사항을 살펴보면 다음과 같다.

서　명 : 『매월당시고(梅月堂詩藁)』
편저자 : 김시습(金時習, 1435~1493) 저(著)
판　본 : 목활자본
간　년 : 임란이전

형　태 : 1책(권2), 사주쌍변(四周雙邊), 반곽(半郭) 22.2×15.6cm, 유계(有界), 9행 16자, 상하대흑구, 상하내향흑어미

수록된 시는 경진자본『매월당집』권10에 실려 있는「유관동록(遊關東錄)」과 동일하다. 다만『매월당시고(梅月堂詩藁)』에는 <사리라(舍利羅)> <마하연(摩訶衍)>의 2수가 더 실려 있다. 끝에는 1460년 8월에 김시습이 쓴 <탕유관동록지후(宕遊關東錄志後)>가 있다. 김시습이 1460년 봄에 개성을 떠나 9월까지 관동(關東) 지방을 유람하면서 지은 시들을 모은 것이「유관동록(遊關東錄)」인데 <탕유관동록지후(宕遊關東錄志後)>에서는 그 감회를 적고 있다. 특히 함께 유람한 사람들과 어울려 다니느라 국도(國島), 삼일포(三日浦), 총석정(叢石亭)을 유람하지 못한 것을 못내 아쉬워하고 있다.

『매월당시고(梅月堂詩藁)』는 간기(刊記)는 물론 간행연대를 추정할 수 있는 서발문도 남아 있지 않은 1책의 낙질본이다. 목활자본인데 판심이 대흑구(大黑口)로 되어 있어 임란이전에 간행된 것으로 추정할 수 있다. 표지에는 '병자칠월념배첩(丙子七月念褙貼)'이라 필사되어 있어 표지가 보수된 흔적이 있지만 정확한 시기는 확인하기 어렵다. 권수제는 '매월당시고권지이(梅月堂詩藁卷之二)'로 되어 있다. 서미(書眉)에는 '격천리공명월(隔千里共明月)'이란 주문방인이 있고, 우측하단에는 '안동김씨(安東金氏)'라는 향관인(鄕貫印)과 함께 정형(鼎型)의 인장이 있는데 판독할 수 없을 정도로 뭉개져 있다. 임란이전, 특히 16세기에는 전국적으로 아주 다양한 목활자들이 만들어져 사용되었다. 그러나 활자의 제작에 관한 기록들이 남아있지 않아 활자를 만든 주체가 확인된 경우는 별로 없다.『매월당시고(梅月堂詩藁)』역시 당시에 만들어진 활자로 인출된 책으로 보이지만 다른 인출본은 확인된 바 없다. 비교적 잘 만들어진 활자로 갑인자(甲寅字)와 을해자(乙亥字)의 자체가 섞여 있다. 따라서 16세기에 사용된 목활자 중에 처음으로 확인된 목활자본이라는 점에서 서지적 의미를 찾을 수 있다. 더구나 김시습의『매월당집』이 지금까지는 두 차례만 간행된 것으로 알려져 있었는데, 임란이전에 이미 3차례에 걸쳐 간행이 이루어졌을 가능성이 크다는 점을 시사하고 있다.

참고 문헌

박철상,「을해자본『매월당집』잔편 발굴의 의미」,『문헌과해석』27호, 2004.

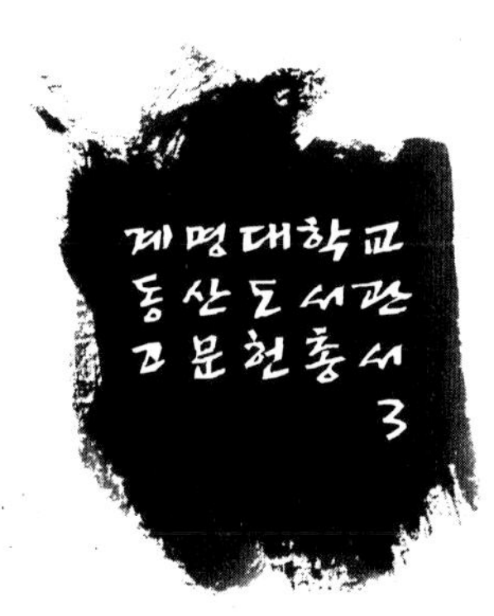

매월당시고(梅月堂詩藁)

2008년 10월 27일 인쇄 16,000원
2008년 11월 3일 발행

편자 계명대학교동산도서관
발행인 신일희
발행처 계명대학교출판부
등록 1970년 9월 1일 대구 제7-44호
주소 대구광역시 달서구 신당동 1000번지
전화 053-580-6232~33 팩스 053-583-5213

ISBN 978-89-7585-444-6

PRINTING 동아종합인쇄사 잘못된 책은 바꾸어 드립니다.